JN110996

# 柴犬まるの四季めぐり

写真 小野慎二郎

# はじめに

太陽が照りつける暑い夏。寒さの厳しい冬。この国に暮らす私たちにとって、季節が移り変わることは、当たり前の出来事のように思えます。その一方で、世界を見渡してみると、これほど四季の変化に富んだ場所は、そう多くありません。

日本には、昔から二十四節気と七十二候という暦があり、四季の変化を細やかに感じて暮らしを営んできました。太陽の動きをもとにした二十四節気は、一年を二十四

に分けたもので、立春や冬至といった季節の目安です。

二十四節気をさらに三つずつに分けた七十二候には、つばめや桜など、その時期に特徴的な動物や草木の名前がついています。

今も受け継がれているお祭りなどの行事は、これらに基づくものがたくさんあります。

もうじきあの花が見ごろを迎える。大好きなあの食べ物が旬の時期。昔ながらの暦を知ると、どの季節にも素敵なところがあると気づきます。

日本のあちこちを旅する柴犬まると一緒に、日本の四季をめぐってみませんか。

# 夏

# 秋

# 冬

# 春

立春 —りっしゅん—

雨水 —うすい—

啓蟄 —けいちつ—

春分 —しゅんぶん—

清明 —せいめい—

穀雨 —こくう—

春めいてきたかな

りっしゅん

# 立春

新暦二月四日ごろ〜

## うれしい季節の始まり

古くから日本の季節のもととなっている「二十四節気」では、一年の始まりは立春からです。まだ寒い時期ですが、暦の上ではここからが春。少しずつ寒さがやわらぎ、日差しも春めいてきます。

立春を過ぎてから初めて吹く、南寄りの強い風は「春一番」。新しい季節を告げる風です。

立春初候

新暦二月四日～二月八日ごろ

## 東風解凍《はるかぜこおりをとく》

### 春風が吹くころ

東風とは、春風のことです。春風がやさしく吹く季節になりました。川に張った氷も解け始め、いよいよ待ちわびた春の始まりです。

立春次候

新暦二月九日～二月十三日ごろ

## 黄鶯睍睆《うぐいすなく》

### 春を告げるウグイス

「ホー、ホケキョ」と、ウグイスのさえずりが聞こえる季節。

早春に鳴くウグイスは「春告鳥」と呼ばれて昔から親しまれてきました。春になって初めてのウグイスのさえずりは「初音」といいます。梅の開花もこの時期です。

# 魚上氷《うおこおりをいずる》

## 水の中にも、春

春先の薄く張った氷のことを「薄氷（うすらい）」といいます。氷が解けると、魚たちが元気に泳ぎ始めます。

渓流釣りが解禁になり、釣りシーズンの到来。岩魚（イワナ）や山女魚（ヤマメ）を釣るのが人気です。

そろそろ起きよう

うすい

# 雨水《うすい》

●新暦二月十九日ごろ～

## 準備にぴったりの時期

しだいに暖かくなり、降りしきる雪が雨に変わってきます。

雪解け水が潤いをくれるこの季節は、昔から農作業の準備を始める時期として知られていました。

本格的な春の到来に向けて、何か新しいことを始めてみてもいいかもしれません。

雨水初候

新暦二月十九日～二月二十三日ごろ

# 土脉潤起《つちのしょううるおいおこる》

## 潤いの季節

暖かくなったと思ったら、寒の戻りで冷え込んだり、雨が降ったり。天気が変わりやすい季節です。

たっぷりの雨が大地を潤し、草木の芽生えを促します。

雨水次候

新暦二月二十四日～二月二十八日ごろ

# 霞始靆《かすみはじめてたなびく》

## 霞にやさしく包まれる

春霞がふんわりたなびくころです。あたりを白いもやで包み込む春霞は、この時期ならではの眺め。昔から春らしいものとして和歌にも詠まれてきました。

ちなみに、夜になると、霞とは呼ばず、朧（おぼろ）と呼びます。

# 草木萌動《そうもくめばえいずる》

## 草木の芽吹き

冬の間、大地の下で寒さに耐えていた草木が緑の芽を伸ばし始めます。新芽が出るころを「木の芽時」といいます。

太陽の光が降り注ぎ、草木がしだいに生き生きしてくる様子を見ると、私たちも元気がわいてきませんか。

＼くんすかくん／

やあ、こんにちは！

# 啓蟄《けいちつ》

新暦三月六日ごろ～

## 生き物の目覚め

啓蟄とは、土の中で冬ごもりをしていた虫たちが動き出すころです。虫も草木も目覚め、あたりが春らしい賑わいを見せるようになります。

春の陽気は私たちにも魅力的なものです。用はなくてもどこかに出かけたくなる、そんな季節でもあります。

啓蟄初候
●新暦三月六日～三月十日ごろ

## 蟄虫啓戸《すごもりむしとをひらく》

### 虫たちが出てくるころ

冬ごもりはもうおしまい。虫たちが戸を開くように、次々と外に出てきます。

カエルやテントウムシなど、身近な生き物が姿を見せ、春の訪れを楽しんでいるようです。

この時期に鳴る雷を「虫出し」と呼んだりすることも。

啓蟄次候
●新暦三月十一日～三月十五日ごろ

## 桃始笑《ももはじめてさく》

### 桃の開花シーズン

桃の花が咲くころです。昔の言い方で、花が咲くことを笑うと言っていました。ふんわりとつぼみが開く様子は、まるで笑っているみたいです。

# 菜虫化蝶《なむしちょうとなる》

## さなぎが蝶々に

菜虫とは、大根やキャベツ、白菜などの葉っぱを食べる青虫のことです。

青虫がさなぎになって冬を越し、いよいよ羽化して蝶になります。蝶は春の日差しをあびながら、花から花へ、優雅に舞っていきます。

＼お花のいい匂い！／

grafico

季節の行事

# ひな祭り

三月三日は、ひな祭りです。古くから日本には、和紙などでつくった人形（ひとがた）を川や海に流して厄をはらう「流しびな」というならわしがありました。こうしたならわしと、中国から伝わった季節の節目の行事「節句」が結びつき、女の子の成長を願うお祭りになりました。

ひな人形に菱餅、ひなあられ…。この日が近づくと、あたりは華やかなお祝いムードに包まれます。

春っていいな

# しゅんぶん
# 春分

●新暦三月二十一日ごろ〜

## 春の真ん中の時期

春分には、昼と夜の長さがほぼ一緒になります。ここからはしだいに昼が長くなり、夏に向けてさまざまな活動がしやすくなります。

春分の日を真ん中として、前後三日をあわせた一週間は、春のお彼岸にあたります。ご先祖様に感謝する、大切な行事です。

春分初候

●新暦三月二十一日～三月二十五日ごろ

# 雀始巣《すずめはじめてすくう》

## 雀のおうちづくり

生き物たちが活発に動くようになり、雀が枯れ草などで巣をつくり始めます。

童謡や俳句にたびたび登場する雀は、日本人にとって昔からなじみの深い鳥。「雀が巣をつくる家は繁栄する」という言い伝えがあります。

春分次候

●新暦三月二十六日～三月三十日ごろ

# 桜始開《さくらはじめてひらく》

## いよいよ桜の季節

桜前線が北上し、待ちに待ったお花見シーズンの到来です。あたり一面を薄いピンク色で包み込む様子は、何度見てもしみじみといいものです。

# 雷乃発声《かみなりすなわちこえをはっす》

## 久しぶりの雷

冬の間はあまり聞かれなかった雷がゴロゴロと鳴り始める季節。春の雷は、夏とは違って短く、一度や二度で鳴りやむことも多くあります。

突然の雷雨には慌ててしまいますが、農作物の成長を促す貴重な雨でもあります。

ぽかぽか、気持ちいい

せいめい

# 清明

●新暦四月五日ごろ～

## いのちの輝く季節

青い空、美しい花や草木。すべてのものに生命力がみなぎり、清らかで明るく感じられる、すがすがしい時期です。

ぽかぽか陽気はお昼寝にちょうどいいけれど、お外に出るのも楽しい季節。お散歩で春を感じるのもいいですね。

清明初候

●新暦四月五日〜四月九日ごろ

## 玄鳥至《つばめきたる》

### つばめがやってくる

玄鳥とはつばめのこと。すっかり暖かくなったこの時期には、南の国から海を渡って日本にやってきます。

つばめがひなに餌をやる様子を見守るのも、この時期の楽しみです。

清明次候

●新暦四月十日〜四月十四日ごろ

## 鴻雁北《こうがんかえる》

### 雁が北に帰る

冬を日本で過ごした雁たちが、群れをなして北に旅立つ季節です。ちょうどこの時期の曇り空を「鳥曇り」といいます。

つばめさん、こんにちは。雁さん、さようなら。寒くなったらまた会えます。

# 虹始見《にじはじめてあらわる》

## 初虹が見られる

雨上がりに今年初めての虹がかかるかもしれません。その年に初めて見る虹を、「初虹」といいます。

空気中の水分に太陽の光が反射してできる七色の虹は、空気が乾燥している冬場はあまり見られません。

# 種まきをしよう

# 穀雨《こくう》

●新暦四月二十日ごろ〜

## 恵みの雨

春の二十四節気の最後を飾るのは、恵みの雨。暖かい雨が降り注ぐこの季節は作物の種まきにちょうどよく、雨が田畑を潤し、作物を育ててくれます。

草木を潤す雨のことを甘雨（かんう）といいます。ガーデニングをするのにぴったりの時期でもあります。

## 葭始生《あしはじめてしょうず》

### アシが顔を出す

水辺にイネ科植物のアシが芽を出す季節です。

アシは昔から日本に自生する植物で、日本の神話にも登場します。アシの芽はとがっているのが特徴。夏に向けてぐんぐん伸び、秋には稲のような穂ができます。




## 霜止出苗《しもやみてなえいずる》

### 苗がすくすく育つころ

いつしか霜が出なくなり、日中は暑いくらいの陽気になることも。この時期は、まさに苗が育つとき。田植えのシーズンも、もうすぐです。

# 牡丹華《ぼたんはなさく》

## 牡丹の花がぱっと咲く

大きな花びらが印象的な牡丹が、春の終わりを鮮やかに彩ります。大ぶりで華やかな牡丹は「百花の王」という別名をもっています。

立春から八十八日目にあたる五月二日は八十八夜にあたり、茶摘みの季節でもあります。



●新暦四月三十日〜五月四日ごろ

季節の行事

# 八十八夜

季節の目安となる二十四節気とは別に、古くから季節の節目となっている特別な日を「雑節（ざっせつ）」といいます。主な雑節には、節分（立春の前日）や春と秋の彼岸（春分と秋分を真ん中の日として、それぞれ七日間）、八十八夜（立春から八十八日目）等があります。

八十八夜は、農作業の節目の日。この日に摘んだお茶を飲むと、長生きするという言い伝えもあります。新茶で一服しませんか？

## 季節の旬だより ①春

### 季節の野菜

ふきのとうやつくし、わらび、ぜんまいなどの山菜が旬を迎えます。独特の苦味がおいしい季節の味です。

スーパーには、春キャベツや新玉ねぎも出回ります。おなじみの野菜ですが、春はとくに甘みがあります。

### 季節の魚介

ニシンは「春告魚」ともいわれ、春先が旬です。また、魚へんに春と書くサワラ（鰆）や、ひな祭りに食べることの多いハマグリも春の魚介。

桜色が美しいサクラエビは、三月中旬に漁が解禁になります。

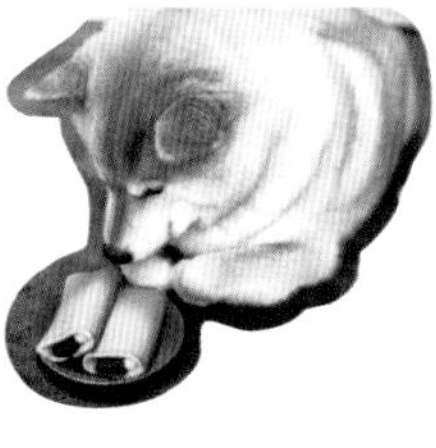


### 季節のお菓子

春のお彼岸には、もち米などをあんこで包んだ「ぼた餅」をお供えします。「ぼた」は春に咲く「牡丹」にちなんだ名前です。

桜が咲くころには、桜の葉に包まれた桜餅が食べたくなりますね。薄く焼いた関東風、つぶつぶの関西風があります。

# 夏

立夏 ―りっか―

小満 ―しょうまん―

芒種 ―ぼうしゅ―

夏至 ―げし―

小暑 ―しょうしょ―

大暑 ―たいしょ―

いい天気！

# 立夏《りっか》

●新暦五月五日ごろ～

## 行楽シーズン到来

気持ちいい五月晴れ、暑すぎず涼しすぎない気温。五月上旬から下旬にかけては、一年の中でいちばん過ごしやすい時期かもしれません。

暦の上では、今日から夏です。夏の気配を感じつつ、梅雨入りまでの晴れ間を思いきり楽しみましょう。

立夏初候

●新暦五月五日～五月九日ごろ

# 蛙始鳴《かわずはじめてなく》

## カエルの歌が聞こえる

「かわず」とは、カエルのこと。田んぼや原っぱでは、今年初めてのカエルの合唱が聞こえ、水辺がにぎわいます。

端午の節句を迎え、子どもの成長を願って鯉のぼりがはためきます。

立夏次候

●新暦五月十日～五月十四日ごろ

# 蚯蚓出《みみずいずる》

## ミミズがひょっこり

土の中からひょっこりとミミズが顔を出す季節です。土を耕し、栄養豊かにしてくれるミミズは、農作業の味方として昔から親しまれてきました。

# 竹笋生《たけのこしょうず》

## たけのこが登場

たけのこが出てくる季節になりました。たけのこはとても成長が早く、一日に一メートル以上伸びることも。土から出たと思ったら、あっという間に立派な竹になります。

旬が短いこの時期だけの味覚をぜひ味わって。

成長した?

しょうまん
# 小満《しょうまん》

●新暦五月二十一日ごろ～

## いのちが満ちるとき

太陽の光をあびてすべてのものが成長し、世界に生命力が満ち満ちる時期です。

この時期に実りを迎えるのは麦です。実った穂を見て農家の人が少しだけ満足したことから、「小満」と名付けられたという説もあります。麦の収穫や蚕のお世話など、農家は大忙しです。

小満初候

●新暦五月二十一日〜五月二十五日ごろ

## 蚕起食桑《かいこおきてくわをはむ》

### 蚕が桑の葉を食べる

卵からかえった蚕は、育ちざかり。桑の葉をたくさん食べる時期を迎えます。昔は蚕のまゆから絹糸をつくるための養蚕がさかんに行われていました。

小満次候

●新暦五月二十六日〜五月三十日ごろ

## 紅花栄《べにばなさかう》

### 紅花が見ごろ

紅花が開花の時期を迎え、野原を彩ります。紅花の黄色い花びらは徐々に赤くなります。着物などを赤く染める素材として古くから重宝されました。

花びらだけを摘んで染料にしたことから、「末摘花（すえつむはな）」とも呼ばれます。

# 麦秋至《むぎのときいたる》

## 麦の秋

黄金色に実った麦の収穫時期にあたります。その様子を稲が実る秋になぞらえて「麦の秋」や「麦秋」といいます。秋とつくけれど、季節は初夏です。

六月に入ると、衣替えです。学校などでは制服が夏服に切り替わります。

梅雨空もいいね

# 芒種《ぼうしゅ》

●新暦六月六日ごろ〜

## 田植えの季節

麦の収穫が終わったら、次は稲の苗を植える、田植えの時期です。芒種とは、稲のように穂の出る穀物の種をまく時期のことをいいます。

からっとした晴天が続いていた五月とはうって変わって、どんよりとした雨空が続きます。そろそろ梅雨が始まりそうです。

芒種初候

新暦六月六日～六月十日ごろ

# 蟷螂生《かまきりしょうず》

## カマキリが活躍

カマキリが生まれ、畑や野原に出てくる時期です。カマが少し怖いイメージのカマキリですが、農作物を荒らさず害虫を捕まえてくれる、頼れる存在です。

梅雨入り宣言？

芒種次候

新暦六月十一日～六月十五日ごろ

# 腐草為螢《くされたるくさほたるとなる》

## 枯草からホタル

水辺を源氏ボタルが飛び交う季節になりました。ホタルはさなぎの時期を土の中で過ごし、成虫になると枯草から出てきます。昔の人は、枯草がホタルに生まれ変わると信じたそうです。

少し遅れて平家ボタルも登場します。

# 梅子黄《うめのみきばむ》

## 梅の実が熟す

梅雨の時期、梅の実が黄色く熟し、旬を迎えます。

青梅には少しだけ有毒な成分が含まれますが、梅干しや梅酒などに加工すると、おいしくいただけます。梅干しは癖になる酸っぱさで、疲れをとる効果も。夏にぴったりの栄養です。

芒種末候
●新暦六月十六日～六月二十一日ごろ

＼アジサイっていいね／

# いよいよ夏本番

# 夏至《げし》

●新暦六月二十二日ごろ～

## 太陽が高く昇る日

夏至は一年で最も日照時間が長くなる日です。昼の時間がいちばん長く、夜が短くなります。ここから先、徐々に日が短くなっていきますが、本格的な夏はここから。日に日に暑さが増してきます。

早起きして、夏をめいっぱい楽しみませんか。

夏至初候

新暦六月二十二日〜六月二十六日ごろ

## 乃東枯《なつかれくさかるる》

### ウツボグサが枯れる

紫の小花を咲かせるウツボグサを「夏枯草」といいます。草木が生い茂るこの時期に、花穂（穂のような形の花）が黒くなり、枯れたようになります。

ひっそりと枯れていく夏枯草ですが、その後は薬草として利用されます。

夏至次候

新暦六月二十七日〜七月一日ごろ

## 菖蒲華《あやめはなさく》

### アヤメが見ごろ

アヤメが咲く時期です。アヤメは昔から、梅雨到来の合図として知られます。雨続きで気分もどんよりしがちですが、美しい紫が気分をあげてくれるはず。

カキツバタなどと似ていますが、アヤメの花には網目模様があります。

## 半夏生《はんげしょうず》

### 農作業が一段落

半夏とは、薬草にもなるカラスビシャクという植物のこと。半夏が生えるこの時期は、昔から田植えを終える目安の時期とされてきました。

関西では、半夏生にタコを食べ、タコの足のように作物が根づくことを願う風習があります。

太陽と仲良し

しょうしょ

# 小暑

新暦七月七日ごろ〜

## 暑さも本番に

しとしと雨が降り続いた梅雨も終わり。太陽がパワーアップして顔を出し、暑い夏が始まります。

七夕や夏祭り、海開きなど、楽しい行事も盛りだくさん。日ごろお世話になっている人に、暑中見舞いの便りを出すのもいいですね。

小暑初候

●新暦七月七日～七月十一日ごろ

# 温風至《あつかぜいたる》

## 風が暑さを連れてくる

南から熱をおびた生暖かい風が吹いてきます。七月七日は織姫と彦星が年に一度だけ会うことができる七夕の日。空にかかる天の川を眺めてみましょう。

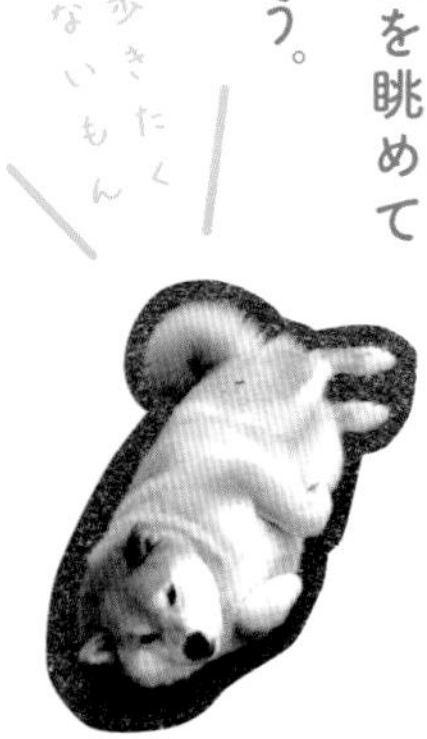


小暑次候

●新暦七月十二日～七月十六日ごろ

# 蓮始開《はすはじめてひらく》

## 蓮が花開く

池のほとりで蓮の花が咲き、見ごろを迎えます。

泥の中から美しい花を咲かせる蓮は、仏教を象徴する花でもあります。花が咲くのは夜明けのころ。昼になるとしぼんでしまうので、鑑賞は早い時間がおすすめです。

# 鷹乃学習《たかすなわちわざをならう》

## 鷹が一人前に

幼い鷹が、飛び方や狩りの仕方を覚え、一人前になっていく時期です。ひなの巣立つのを見ると、うれしい気持ちと寂しい気持ちが入り混じります。

鷹を用いて狩りをする「鷹狩り」が行われるなど、昔から人とのつながりが深い生き物です。

涼しさを感じよう

# 大暑《たいしょ》

●新暦七月二十三日ごろ～

## 夏真っ盛り

まさに夏本番、真夏のいちばん暑いときです。日差しが強く照りつけ、日中は動くだけで汗が出てきます。

水分をとり、夕涼みなどをして健やかに過ごしましょう。うなぎを食べてパワーをつける習慣が根づいた「土用の丑の日」もこのころです。

大暑初候

新暦七月二十三日～七月二十八日ごろ

## 桐始結花《きりはじめてはなをむすぶ》

### 桐の花咲くころ

桐が薄紫色のかわいらしい花をつける季節です。桐は、たんすなどの家具の材料になったり、家紋のモチーフになったりと、古くから日本人には身近な存在でした。政府の紋章に使われるなど、デザインとして目にする機会も多くあります。

大暑次候

新暦七月二十九日～八月二日ごろ

## 土潤溽暑《つちうるおうてむしあつし》

### ムシムシする時期

地面から熱気が立ち上ってくるような、蒸し暑い季節になりました。湿気が多くてムシムシするのが日本の夏。冷たいものを食べたり、打ち水をするなど、暑気払いをして乗り切りましょう。この時期のビールは格別ですね。

# 大雨時行《たいうときどきにふる》

## 夕立に気をつけて

晴れていると思ったら、急に雲行きが怪しくなってきて、雷がゴロゴロ……。入道雲が頻繁に夕立を連れてくる時期は、折り畳み傘を持ち歩きましょう。

ちなみに入道雲の名前の由来は、雲の頭がお坊さんの頭に見えることからきているそうです。

まんまる同士

季節の行事 **七夕**

七月七日の七夕は、ひな祭り（桃の節句）と同じように、中国から伝わった五節句の一つ。織姫と彦星が年に一度だけ会うことを許される「七夕伝説」がもとになっていて、願い事を書いた短冊を天に捧げます。七夕には麦の収穫を祝う意味も込められていて、そうめんをいただく風習があります。

仙台の七夕まつりなど、旧暦にあわせ八月上旬に行う地域もあります。天の川が見えますように！

# 季節の旬だより

## ② 夏

### 季節の野菜

初夏の味覚といえば、たけのこです。シンプルに出汁で煮たり、炊き込みご飯にしたりして、おいしくいただきます。

暑い夏にはキュウリやオクラ、トマトなどの夏野菜をさっぱりと調理して乗り切りましょう。

### 季節の魚介

天ぷらの定番・キスは春の終わりから初夏が旬。岐阜の長良川では、立夏のころ鵜飼い開きとなり、鵜を使ったアユ漁が行われます。また、関西では、祇園祭の行われる七月初めからハモのおいしい時期に入ります。

### 季節のお菓子

端午の節句には、あんの入った餅を柏の葉で包んだ柏餅をいただきます。柏の葉には、子孫の繁栄といった意味が込められています。

喉ごしなめらかな水羊羹やところてんは、夏にぴったりの和菓子です。

# 秋

立秋 —りっしゅう—

処暑 —しょしょ—

白露 —はくろ—

秋分 —しゅうぶん—

寒露 —かんろ—

霜降 —そうこう—

秋はすぐそこ

りっしゅう

# 立秋《りっしゅう》

●新暦八月八日ごろ〜

## 秋の気配を感じる日

暦の上では、今日から秋の始まりです。季節のお便りは、暑中見舞いから残暑見舞いに変わります。

まだまだ暑さが続くころですが、季節は確かに流れています。ふと見上げた雲の形が昨日までとなんだか違う……そんなところに、かすかに秋の気配がただよいます。

立秋初候

●新暦八月八日〜八月十二日ごろ

# 涼風至《すずかぜいたる》

## 涼しい風が立つ

日中はうだるような暑さですが、朝晩には涼しい風が吹きぬけて、爽やかな気持ちにしてくれることもあります。

風が連れてくる季節の変化を感じましょう。

立秋次候

●新暦八月十三日〜八月十七日ごろ

# 寒蝉鳴《ひぐらしなく》

## ヒグラシの声がする

ヒグラシは、日の出前や夕方に鳴くことが多いセミです。涼しくなった夕方に「カナカナカナカナ……」と鳴くヒグラシの声は、どこか物悲しい感じがします。

八月十三日は、ご先祖様が帰ってくるといわれる盆の入りです。

# 蒙霧升降《ふかききりまとう》

## 霧が立ち込める

お盆を過ぎるころになると、山あいの場所や北国では、朝晩の冷え込みが強まります。
空気が冷やされて霧がもうもうと立ち込めると、見慣れた景色が幻想的な雰囲気に変わります。秋の深まりを感じる景色ですね。

速いでしょ!?

ちょっと涼しくなった？

しょしょ

# 処暑

●新暦八月二十三日ごろ～

## 暑さがやわらぐ

暑さが少し落ち着くことを処暑といいます。入道雲がいつしかうろこ雲に。にぎやかに鳴いていたセミの声はおさまり、夜には秋の虫が涼しげな音色を聞かせてくれます。

夏休みももうすぐ終わり。花火や水遊びなど、夏を満喫するなら今のうちです。

処暑初候

●新暦八月二十三日～八月二十七日ごろ

## 綿柎開《わたのはなしべひらく》

### 綿の実が開くころ

夏に花を咲かせた綿の実がはじけて、白くてふわふわした綿花が出てくるころです。綿花とは、綿の花のことではなく、綿の実がはじけて出てきたふわふわのことです。

衣服をつくるのに欠かせない綿花の収穫が始まります。

処暑次候

●新暦八月二十八日～九月一日ごろ

## 天地始粛《てんちはじめてさむし》

### 秋らしい空気

暑さがおさまり、ひんやりとした空気がただよい始めます。立春から二百十日にあたる九月一日は、台風が訪れる日として昔の人は注意していました。

# 禾乃登《こくものすなわちみのる》

## 収穫はもうすぐ

禾とは、稲などの穀物のことです。稲穂が黄金色に輝き、風に揺れる季節になりました。稲穂は実るにつれて、しなやかに頭を垂れるようになります。

いよいよ収穫のときになります。どうか無事に収穫できますように。



たそがれてます

空気が澄んでる

# 白露《はくろ》

●新暦九月八日ごろ～

## 冷え込みが増すころ

空気が少しずつ冷えてきて、朝には草木に露がおりるようになりました。

昔の人は、朝日をあびて白く輝く露を好み、たくさんの和歌に残しました。

空気が澄みわたり、気持ちがいい季節。夜になると、月や星もきれいに見えます。

白露初候

●新暦九月八日～九月十二日ごろ

# 草露白《くさのつゆしろし》

## 朝露がキラキラ

朝晩の冷え込みが感じられ、朝露が白く輝く季節になりました。そろそろ本格的な秋が始まります。

露がおりた日は、いい天気に恵まれることが多いようですが、急な気温の変化で体調を崩さないように注意しましょう。

白露次候

●新暦九月十三日～九月十七日ごろ

# 鶺鴒鳴《せきれいなく》

## セキレイが鳴くころ

チチ、チチとセキレイのさえずりが聞こえる季節です。セキレイは、長い尾を振って歩く姿が愛らしい鳥で、水辺などで見ることができます。

尾で地面を叩くように歩くことから「石叩き」という名前で呼ばれることもあります。

# 玄鳥去《つばめさる》

## つばめの旅立ち

春にやってきた渡り鳥のつばめがひなを育て終えて、暖かい南の国に帰っていく時期です。長旅、気をつけて。また次の春までお別れです。

つばめがいなくなった野原では、赤とんぼが舞う光景が見られます。

季節の行事

# お盆

八月の十三日から始まる四日間は、お盆です。七月にお盆の行事を行う地域もあることから、八月のお盆を「月遅れの盆」といいます。

お盆には、提灯に見立てたほおずきなどの盆飾りを用意したり、盆踊りでご先祖様の霊をなぐさめたりするならわしがあります。

ちなみに俳句の世界では「踊」だけで盆踊りのことを表し、秋の季語になっています。みんなで踊りながら、夏にお別れしましょう。

食欲の秋がきた

しゅうぶん

# 秋分

●新暦九月二十三日ごろ〜

## 季節はすっかり秋

秋分の日は、春分の日と同じく、昼と夜の長さがほぼ等しくなる日です。この日を境に日差しは弱まり、日が短く、夜が長くなっていきます。

秋の夜長を楽しむ読書の秋。旬の味に舌鼓をうつ食欲の秋。秋晴れの中、体を動かすスポーツの秋。秋は楽しみがいっぱいですね。

秋分初候

●新暦九月二十三日〜九月二十七日ごろ

# 雷乃収声《かみなりすなわちこえをおさむ》

## 雷が一休み

夏の間にモクモクとわき上がっていた入道雲がいなくなり、夕立に降られることがなくなってきます。

ゴロゴロと私たちを驚かせる雷は、春までお休みです。

秋分次候

●新暦九月二十八日〜十月二日ごろ

# 蟄虫坏戸《むしかくれてとをふさぐ》

## 虫たちの冬ごもり

春夏の間にあちこちで元気な姿を見せていた虫たちが土にかくれ、巣穴の戸を閉める季節です。再び春がやってくる啓蟄の頃まで、虫たちとはしばらくのお別れです。

制服などが秋物から冬物にかわる、衣替えのシーズンです。

# 水始涸《みずはじめてかるる》

## 稲刈りのスタート

待ちに待ったお米の収穫時期です。稲刈りに備えて、田んぼの水を抜くことから「水が枯れる」といいます。今年の新米の味はいかがでしょう。

一方、この時期に井戸が枯れたようになることを表しているという説もあります。

＼まる、どーこだ!?／

秋の夜長を楽しもう

かんろ

# 寒露

新暦十月八日ごろ〜

## 朝露が冷え冷えと

草木におりる朝露が、ひんやりと冷たさを増してくる季節です。朝晩は肌寒く感じる日も多く、秋がいっそう深まってきたのを感じます。

日が暮れるのもずいぶん早くなったこのごろは、おうちでまったりと過ごす時間が心地よいひとときです。

寒露初候
● 新暦十月八日～十月十二日ごろ

# 鴻雁来《こうがんきたる》

## 渡り鳥がやってくる

雁などの渡り鳥が冬を越すために北からやってきて、静かだった水辺がにぎやかになります。その年初めてやってきたマガンを「初雁」といいます。

雁がやってくる頃に吹く北風のことを「雁渡し（かりわたし）」と呼びます。

寒露次候
● 新暦十月十三日～十月十七日ごろ

# 菊花開《きくのはなひらく》

## 美しい菊が咲く

色とりどりの菊が見ごろを迎え、各地で菊祭りが開かれる時期です。

菊が咲くころの晴天は「菊晴れ」。空と花とのコントラストがきれいです。

# 蟋蟀《きりぎりす》在《と》戸《にあり》

## 虫の声を楽しむ時期

月明かりの下、秋の虫たちが美しいハーモニーを聞かせてくれます。虫の声は、秋の楽しみのひとつですね。

昔は「虫」というと、秋に鳴く虫のことを指しました。また、蟋蟀（コオロギ）のことをキリギリスと呼んでいました。

そろそろ冬支度

# 霜降《そうこう》

●新暦十月二十三日ごろ〜

## 霜がおりる季節

霜降とは、霜がおりること。十一月のことを昔の言い方で「霜月」といいます。

涼しさがいつしか寒さに変わり、山では紅葉が見ごろを迎えています。秋の深まりを表す紅葉は山間部から始まって、徐々に平地でも見られるようになってきます。

霜降初候
●新暦十月二十三日～十月二十七日ごろ

## 霜始降《しもはじめてふる》

### 初霜の知らせ

北国から初霜の知らせが届くころです。

空気中の水蒸気が冷やされて氷になるのが霜。北国から始まり、だんだん南の地方でも見られるように。

寒いけど元気

霜降次候
●新暦十月二十八日～十一月一日ごろ

## 霎時施《こさめときどきふる》

### 時雨の降るころ

時雨（しぐれ）とは、秋の終わりから冬にかけて、降ったりやんだりをくり返す雨。その年初めての時雨は、冬支度を始める目安ともいわれています。

どこかしんみりした気持ちになる時期ですが、楽しいハロウィンもありますよ。

# 楓蔦黄《もみじつたきばむ》

## モミジが色づく

モミジやツタなどの葉っぱが黄色や赤に色づく季節がやってきました。美しい紅葉を鑑賞する紅葉狩りは、この時期ならではの楽しみです。

秋の山が紅葉するさまを、「山粧う（やまよそおう）」といい、秋の季語とされています。

季節の行事
## お月見・お彼岸

お月見日和といわれる十五夜は、旧暦の八月十五日ごろ、現代では九月中旬から十月上旬にかけての満月で、月に見立てたお団子を積み上げた月見団子をお供えします。

秋分の日を中日とした秋の彼岸には、お萩をお供えします。春の彼岸にお供えするぼた餅と同じものですが、季節に合わせて名前が変わります。昔は秋に収穫したばかりの小豆を使ったお萩が粒あん、ぼた餅がこしあんだったそう。

# 季節の旬だより ③秋

## 季節の野菜

お盆の時期は、トウモロコシが旬。丸ごと茹でても、炊き込みご飯にしてもおいしいです。秋ナスはみずみずしく、そのまま食べてもおいしくいただけます。新米や果物など、多くの食材が味わえる秋。旬を取り入れ、健やかに過ごしましょう。

## 季節の魚介

暑さの残る秋の初めごろ、サンマが旬を迎えます。秋が深まるにつれ、秋サバや秋サケがおいしくなります。

夏に北上していたカツオは、秋になると南下して、脂ののった戻りガツオとなります。

## 季節のお菓子

まだ暑い時期は、桃などの旬の果物のシロップをかけたかき氷がリフレッシュにおすすめです。

九月九日の菊の節句のころには、菊をモチーフにした華やかな和菓子が登場します。

# 冬

立冬 ―りっとう―

小雪 ―しょうせつ―

大雪 ―たいせつ―

冬至 ―とうじ―

小寒 ―しょうかん―

大寒 ―だいかん―

……はくしょん！

りっとう

# 立冬

●新暦十一月七日ごろ～

## 冬の始まり

「冬が立つ」と書く立冬は、冬の始まりの日です。今日から節分の日までが、暦の上では冬になります。

木々の葉が落ち、風はますます冷たくなり、冬の気配があちこちにただよいます。風邪をひかないように、暖かくして過ごしましょう。

立冬初候

●新暦十一月七日〜十一月十一日ごろ

## 山茶始開《つばきはじめてひらく》

### 山茶花が咲くころ

山茶（つばき）は、木へんに春と書く椿のことではなく、同じツバキ科の山茶花（さざんか）のことです。冷たい風が吹く中で、山茶花がひっそりと紅い花を咲かせます。

山茶花は、童謡「たき火」にも登場する、冬の花です。

立冬次候

●新暦十一月十二日〜十一月十六日ごろ

## 地始凍《ちはじめてこおる》

### 大地が凍る冬

大地が冷え冷えとして、氷や霜柱が見られる時期です。厚手の毛布や暖房器具の準備は済んでいますか？　初雪の知らせももうすぐです。

冷え冷えー

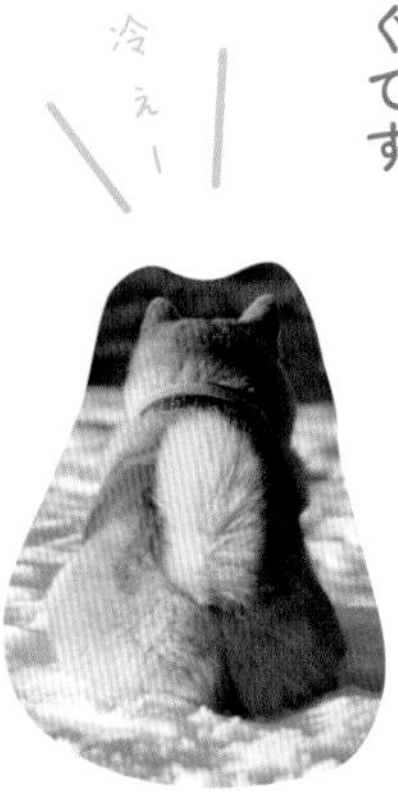

# 金盞香《きんせんかさく》

## スイセンが香りだす

金盞とは、スイセンのこと。寒さに負けず、白と黄色の美しい花を咲かせるスイセン。

近づいてみると、上品な香りがただよいます。

冬将軍のしわざ!?

雪に変わるかな？

しょうせつ

# 小雪

新暦十一月二十二日ごろ〜

## 雪が舞い始める

そろそろ雨が雪に変わるころです。寒い地域では、雪の舞う日が増えてくることでしょう。もう少しで、積もりそうですね。厳しい冬が始まりを告げる時期ですが、寒い日ばかりではありません。この時期に時折訪れるポカポカ陽気を「小春日和」といいます。

小雪初候

新暦十一月二十二日～十一月二十六日ごろ

# 虹蔵不見《にじかくれてみえず》

## 虹が見えなくなる

日差しが勢いをなくし、空気が乾燥してくると、虹ができづらくなります。それでも雨上がりなどに冬の虹が見られることもありますが、はかなくすぐに消えてしまいます。

乾燥で肌がカサカサになりやすいので、保湿に気をつけて。

小雪次候

新暦十一月二十七日～十二月一日ごろ

# 朔風払葉《きたかぜこのはをはらう》

## 北風が木の葉を落とす

北風が吹いて、木々に残った葉っぱが舞いおりるころです。街路樹のイチョウが散って、黄色いじゅうたんのように見えます。

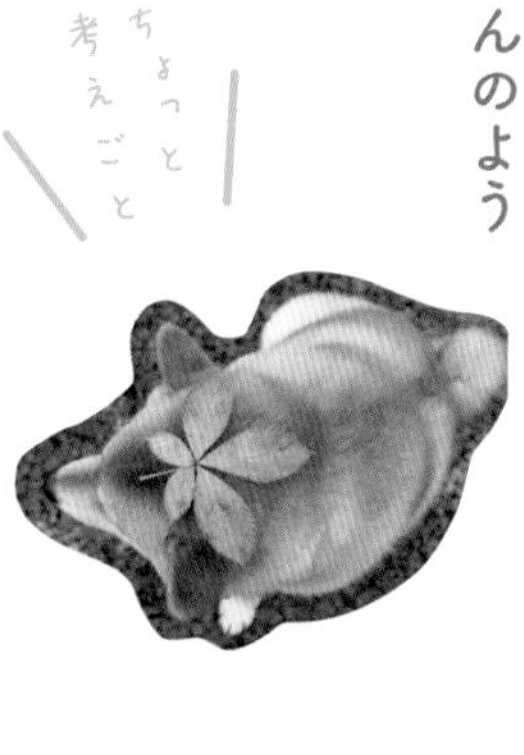

# 橘始黄《たちばなはじめてきばむ》

## 橘が黄色く熟す

橘は、日本に古くから生えているかんきつ類。橘の実が熟すこの時期は、かんきつ類の旬のシーズン。こたつでみかんは、冬の楽しみのひとつですね。

寒いけど、楽しい！

たいせつ

# 大雪

新暦十二月七日ごろ〜

## 雪が積もる季節

北国などの寒いところでは、雪が積もる季節を迎えます。春がくるまで、あたりは一面の銀世界に包まれます。

雪だるまに雪合戦……子どものころを思い出して、冬を楽しんでみませんか。

年の暮れに向けて、何かと生活が慌ただしくなるので、体調には気をつけて。

大雪初候

●新暦十二月七日～十二月十一日ごろ

# 閉塞成冬《そらさむくふゆとなる》

## 真冬が訪れる

　ぐんと冷え込み、空が厚い雲で覆われる真冬になりました。朝は布団から出るのが辛い時期。北国以外の地域でも、初雪が見られるようになります。

大雪次候

●新暦十二月十二日～十二月十六日ごろ

# 熊蟄穴《くまあなにこもる》

## 熊の冬ごもり

　野生の熊たちが冬ごもりに入る時期です。穴に入って寒さをしのぎ、冬を乗り切ります。この時期に出産し、子熊を育てるメスもいます。

　おうちにいる犬や猫も、冬用の暖かい毛になっています。

# 鱖魚群《さけのうおむらがる》

## 鮭が川を遡るころ

海で大きく育った鮭が、卵を産むために生まれ故郷の川に戻ってくる時期です。生まれた川を覚えているという鮭。群れをなして川を遡る様子は、とても神秘的です。

秋から冬に旬を迎える鮭は「秋味」の別名をもっています。

まるも冬ごもり

年末を乗り切ろう

# 冬至《とうじ》

●新暦十二月二十二日ごろ〜

## いちばん日が短いとき

冬至は一年で最も夜が長い日。寒さは厳しくても、この日を境に日が長くなっていくのはうれしいものですね。

年末年始は、生活リズムが乱れやすくなる時期です。栄養満点のカボチャを食べたり、体を温めるユズ湯につかったりして過ごしましょう。

冬至初候

●新暦十二月二十二日～十二月二十六日ごろ

## 乃東生《なつかれくさしょうず》

### ウツボグサの芽生え

夏至の初候「乃東枯（なつかれくさかるる）」とセットになった言葉です。

夏に枯れてしまったウツボグサ（夏枯草）が、春を待たずに芽を出します。寒さの厳しいときですが、野山は春の準備をしています。

冬至次候

●新暦十二月二十七日～十二月三十一日ごろ

## 麋角解《さわしかのつのおつる》

### 鹿の角が生え変わる

鹿の角は、この時期に抜け落ちて生え変わります。早いもので、今年も終わり。一年の締めくくり、大晦日の夜には百八の除夜の鐘が鳴り響きます。煩悩の数といわれる百八の数字は、十二月の数、二十四節気、七十二候を足した数という説もあります。

# 雪下出麦《ゆきわたりてむぎのびる》

## 雪の下で麦が生える

雪の下で麦が芽を出すころです。麦は「年越草」ともいわれ、新年を迎える時期に芽吹きます。

お正月がやってきました。古くからお正月は年神様をお迎えする行事で、門松は神様をお迎えするしるし、鏡餅はお供えものという意味があります。

＼あけましておめでとう！／

# 新年のご挨拶

しょうかん

# 小寒《しょうかん》

新暦一月五日ごろ〜

## 本格的な寒さ

二十四節気の小寒と大寒をあわせて「寒の内」といい、小寒に入ることを「寒の入り」といいます。

寒さが一段とこたえる季節。楽しかったお正月も終わりを迎え、いつもの生活が戻ってきます。同僚やクラスメイトとは久しぶりの再会です。

小寒初候
●新暦一月五日～一月九日ごろ

## 芹乃栄《せりすなわちさかう》

### セリが育つころ

セリが野山で「競り合う」ように生えてきます。

一月七日はセリやナズナ、スズシロ（大根）など春の七草が入ったお粥を食べ、一年の無事を願うならわしがあります。胃腸にやさしい七草粥で、冬の体をいたわりましょう。

小寒次候
●新暦一月十日～一月十四日ごろ

## 水泉動《しみずあたたかをふくむ》

### 泉が動き始める

地面の下では、凍って固まっていた水が解けて動き始めます。

一月十日は七福神の恵比寿に商売繁盛を祈願する「えべっさん（十日えびす）」です。

今年の運勢は!?

# 雉始雊《きじはじめてなく》

## キジの早鳴き

オスのキジが、メスのキジに恋をして鳴き始める時期です。実際に鳴き声が聞こえるのは、もう少し暖かくなってからのことが多いようです。

一月十五日は「小正月」。小豆粥を食べてお祝いするならわしがあります。

あたり一面、雪！

ぽかぽかしたいね

# 大寒《だいかん》

●新暦一月二十日ごろ～

## いちばん寒いとき

一年で最も寒さが厳しい時期に入ります。雪が積もり、吐く息は白く、寒さにふるえてしまいそうです。

寒さのピークを迎える一方、日がずいぶん長くなり、日差しが明るく感じられることも。ウィンタースポーツなどで、冬を最後まで楽しみましょう。

大寒初候

● 新暦一月二十日～一月二十四日ごろ

# 款冬華《ふきのはなさく》

## ふきのとうが登場

　雪の下から、ふきのとうが顔を出します。キク科の山菜・フキのつぼみの部分がふきのとうです。独特の苦みは、春を待つ今だけの味わいです。

大寒次候

● 新暦一月二十五日～一月二十九日ごろ

# 水沢腹堅《さわみずこおりつめる》

## 小川の水が凍るころ

　沢とは、山あいにある自然のままの小さな川のことです。ふだんは水が流れていても、この時期には、厚い氷となって張りつめます。

　寒さが底を打つころでもあります。各地の湖では、ワカサギの氷上釣りが楽しめます。

大寒末候
●新暦一月三十日～二月三日ごろ

# 鶏始乳《にわとりはじめてとやにつく》

## ニワトリが卵を産む

今では年中手に入る卵ですが、昔はニワトリが今年初の卵を産むころ、厳しい冬が終わるといわれていました。

冬の暦の最後は、二月三日の節分。自分の年齢と同じだけ豆を食べると、健康でいられるといわれています。

春が待ち遠しいよ

奉納

## 季節の行事 お正月

お正月は、年の初めに年神様をもてなし、新年をお祝いする行事です。初詣や初売りなど、お正月には今年初めての楽しいイベントが盛りだくさんです。

ところで、お正月の終わりはいつでしょう？一月一日から七日（地域によっては十五日）を「松の内」といい、松の内を過ぎると、年神様をお迎えするための松飾りを片付けます。名残惜しいけれど、お正月はここで一区切りですね。

# 季節の旬だより
## ④冬

### 季節の野菜

里芋や自然薯、サツマイモなど、イモ類がおいしい季節です。

木枯らしが吹くと、鍋やおでんが恋しくなりますね。大根や白菜など、鍋料理の定番野菜は冬が旬。濃い赤色の金時人参は、お雑煮にも使われる縁起のよい食材です。

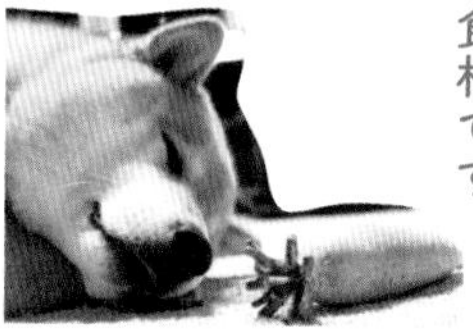
眠く
なっちゃった

### 季節の魚介

お寿司の王様・クロマグロは冬が旬。新年の初競りでは、毎年大変な高値で取り引きされます。

冬の日本海でとれる寒ブリは、お刺身やしゃぶしゃぶなど、さまざまな味わい方が楽しめる、冬のごちそうです。

ちょこっと
味見

### 季節のお菓子

十一月十五日は七五三。子どもの成長を祝って紅白の千歳飴をいただきます。

ほんのりピンク色をした花びら餅は、お正月の伝統的な和菓子。ゴボウや味噌あんを求肥などで包んでいます。

じゃあ
またねー

## 旧暦について

太陽暦とは、地球が太陽のまわりをぐるりと一周する期間を一年とするものです。一方、太陰暦とは、月が新月から満月になり、また新月になるまでを一か月とするものです。日本では、明治時代に太陽暦（新暦）に変更されるまでの長い間、太陽暦と太陰暦を組み合わせた太陰太陽暦（旧暦）が使用されてきました。太陰太陽暦では、太陽と月の周期が異なることから、暦と実際の季節の間にズレが生じます。そのため、一年を二十四等分した二十四節気と、それをさらに細かくした七十二候によって、季節を感じとり、農作業や行事などの目安にしてきました。

春夏秋冬と二十四節気

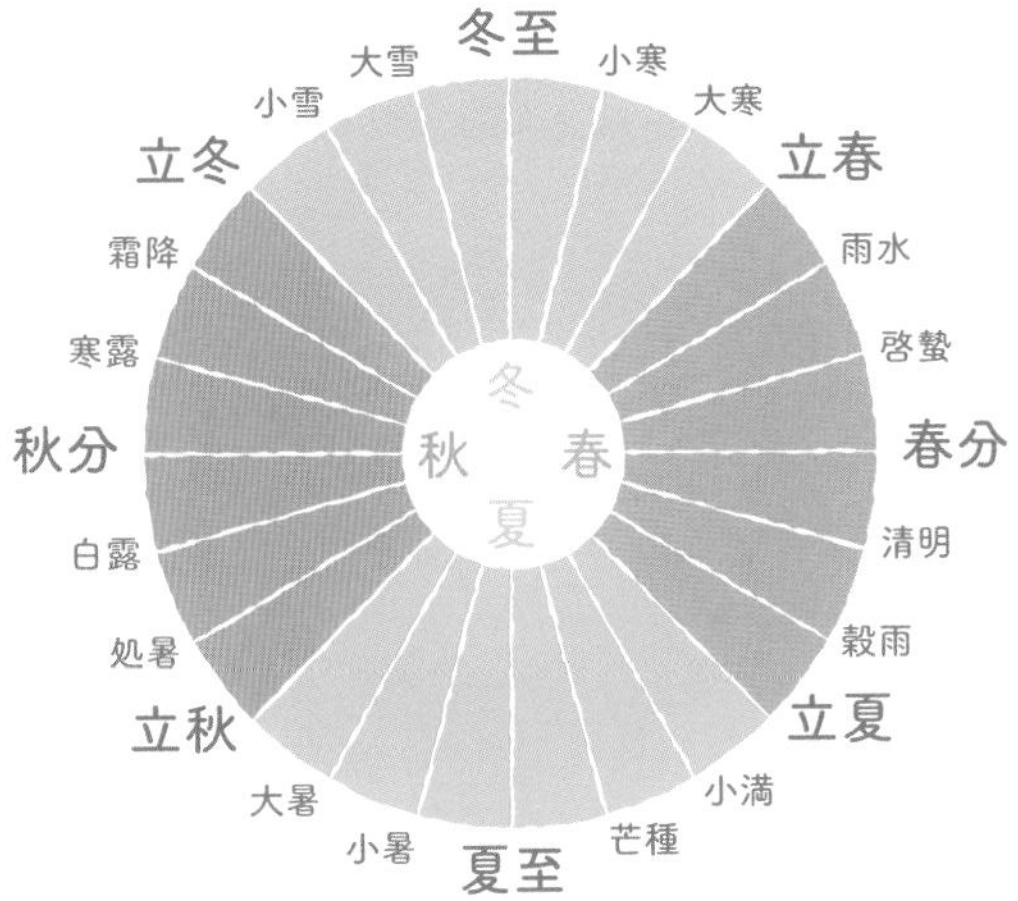

## まるについて

2007年10月20日生まれ。標準的な柴犬よりも少し大きい18キロ。自宅近くのペットショップで小野夫妻と出会い、クリスマスイブの日に小野家の一員となる。2011年3月11日の震災後、「かわいい犬の写真でみんなを元気づけたい」と小野氏がまるの写真を公開したところ、インスタグラムのフォロワーが250万人を超え、犬部門日本1位に輝いた。海外にもファンが多い。好物はりんご、趣味は穴掘り、特技は遠吠え。

## ［写真］小野慎二郎（おの しんじろう）

1973年、東京都生まれ。外資系ハードウエアベンダーのマーケティング部にて日本のコンシューマ市場を担当。その後ネット系ベンチャー企業に経営参画、SNSサービスについてのノウハウを学ぶ。現在はマーケティングコンサルタントとして独立。2011年から毎日欠かさずインスタグラムで愛犬・まるの写真をアップし、フォロワー250万人を超える人気アカウントに成長。好きな食べものは生姜焼き定食、座右の銘は「継続は力なり」、渦巻きは内側から描く派。

Instagram @marutaro

［参考文献］


しばわんこの和のこころ（白泉社）
しばわんこの和のこころ２（白泉社）
すみっコぐらしの四季めぐり（リベラル社）
二十四節気と七十二候の季節手帖（成美堂出版）
にっぽんの七十二候（枻出版社）
日本の七十二候を楽しむ（東邦出版）
日本の365日を愛おしむ（東邦出版）

写真　小野慎二郎
デザイン　宮下ヨシヲ（サイフォン グラフィカ）
編集　堀友香（リベラル社）
編集人　伊藤光恵（リベラル社）
営業　青木ちはる（リベラル社）

編集部　渡辺靖子・山田吉之・須田菜乃
営業部　津村卓・津田滋春・廣田修・澤順二・大野勝司・竹本健志
制作・営業コーディネーター　仲野進

# 柴犬まるの四季めぐり

2020年3月26日　初版

編　集　リベラル社
発行者　隅田直樹
発行所　株式会社 リベラル社
〒460-0008　名古屋市中区栄3-7-9 新鏡栄ビル8F
TEL 052-261-9101　FAX 052-261-9134
http://liberalsya.com

発　売　株式会社　星雲社（共同出版社・流通責任出版社）
〒112-0005　東京都文京区水道1-3-30
TEL 03-3868-3275

©Liberalsya 2020 Printed in Japan
ISBN978-4-434-27268-4
落丁・乱丁本は送料弊社負担にてお取り替え致します。